BETINA LOBO

Asas da Metamorfose

NONSUCH MEDIA PTE. LTD.
SINGAPURA

ISBN: 979-8-89214-099-7

Primeira edição publicada em 2024

Título: Asas da Metamorfose
Autora: Betina Lobo
Editores:A. Lee, Gastão Lobo
Design de Capa: Álvaro Oliveira para Nonsuch Media Pte. Ltd.
Execução Gráfica: Álvaro Oliveira para Nonsuch Media Pte. Ltd.

info@nonsuchmedia.com | nonsuchmedia.com

Índice

A Visão da Alvorada

Após a tempestade de visões, quem seremos nós?
Olhares marcados por imagens, vozes e ecos,
Humanos transformados, olhos que viram o invisível,
Na alvorada do amanhã, seremos reflexos dos
espelhos?

Em busca de respostas, navegamos mares de ilusões,
Corações pulsando ao ritmo de sentimentos intensos.
Em cada amanhecer, somos poetas, somos canções,
Na alvorada do amanhã, seremos as letras dos versos?

No palco da existência, atores de uma peça imortal,
Esculpidos pelo tempo, moldados por cada anseio.
Na alvorada do amanhã, seremos luz no breu astral,
Ecos da eternidade, somos estrelas no vasto meio.

Em cada amanhecer, somos
poetas, somos canções, Na
alvorada do amanhã, seremos
as letras dos versos?

Luzes de esperanças futuras, ou estrelas a brilharem?

TESTEMUNHAS DO TEMPO

Testemunhas de eras, guardiões de memórias,
Marcados pelo que vimos, colecionadores de histórias.
Quem seremos, após as imagens se desvanecerem?
Ecos de visões passadas, ou novas almas a renascerem?

Herdeiros de sonhos, tecelões de realidades,
Gravados por cicatrizes, criadores de eternidades.
O que seremos, quando as sombras se dissiparem?
Luzes de esperanças futuras, ou estrelas a brilharem?

Viajantes do infinito, exploradores do desconhecido,
Impulsionados por desejos, pelo amor incontido.
Quem seremos, quando as dúvidas se esclarecerem?
Respostas ao vento sussurradas, ou novos mistérios a aprenderem?

12

ASAS DA METAMORFOSE

Somos rios moldados pelas águas do ver,
Cada imagem, cada sombra, ensinou-nos a ser.
Após o desfile de visões, que humanos nos
tornaremos?
Rios caudalosos de sabedoria, ou córregos
temerosos?

Somos ventos esculpidos pela brisa do sentir,
Cada toque, cada sussurro, ensinou-nos a existir.
Após a melodia de emoções, que sentimentos
abrigaremos?
Ventos furiosos de paixão, ou brisa suaves de
sossego?

Somos montanhas talhadas pelos martelos do viver,
Cada dia, cada luta, ensinou-nos a crescer.
Após a jornada de experiências, que gigantes nos
tornaremos?
Montanhas imponentes de força, ou
colinas serenas ao amanhecer?

Somos ventos esculpidos pela
brisa do sentir,
Cada toque, cada sussurro,
ensinou-nos a existir.

ASAS DA METAMORFOSE

Como borboletas emergindo do casulo do ver,
Cada visão tecida nas asas do ser.
Voaremos altos com cores vibrantes,
Ou permaneceremos presos, temerosos,
hesitantes?

Como pássaros libertos da gaiola do sentir,
Cada emoção inscrita no compasso do partir.
Viveremos melodias em céus distantes,
Ou ficaremos em silêncio, retraídos, constantes?

Como flores desabrochando no jardim do viver,
Cada experiência pintada em pétalas de
aprender.
Seremos jardins de cores radiantes,
Ou nos manteremos fechados, inseguros,
vacilantes?

Metamorfose Humana

Ou ficaremos em silêncio, retraídos, constantes?

14

O Mosaico da Existência

Cada peça, uma visão, juntas, uma imagem completa,
Humanidade, um mosaico de luz e sombra discreta.
Quem seremos, após a última peça ser posta?
Obra-prima da evolução, ou esboço de resposta?

Cada caco, uma emoção, unidos, um sentimento inteiro,
Humanidade, um mosaico de riso e pranto verdadeiro.
O que seremos, após a última lágrima ser derramada?
Canção harmoniosa da vida, ou melodia ainda inacabada?

Cada fragmento, uma experiência, juntos, um relato vivo,
Humanidade, um mosaico de triunfo e contragolpe incisivo.
Quem seremos, após o último desafio ser superado?
Monumento de resiliência, ou rascunho de um legado?

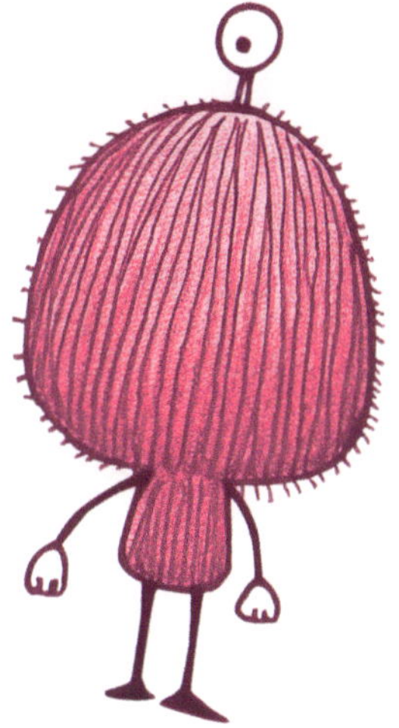

ASAS DA METAMORFOSE

15

Olhares de Amanhã

Olhares que viram o inimaginável, olhos de amanhã,
Seremos sentinelas de esperança ou ecos de manhã?
Cada visão, um fio no tear da humanidade,
Tece-nos em uníssono, desvendando a verdade.

Olhares que contemplaram o infinito, olhos do porvir,
Seremos faróis de sabedoria ou sombras a fugir?
Cada mirada, um traço na tapeçaria da existência,
Entrelaça-nos em harmonia, revelando a essência.

Olhares que desbravaram o desconhecido, olhos do além,
Seremos pilares de coragem ou reflexos de ninguém?
Cada olhar, uma pincelada na tela da vida,
Pinta-nos juntos, descobrindo a saída.

Tece-nos em uníssono, desvendando a verdade.o

ECOS DO INFINITO

Na galeria do universo, as estrelas
são testemunhas,
Do nosso tornar-se, das sombras a
iluminar as minhas.
Após o silêncio das imagens, que
canção cantaremos?
Hinos de renovação, ou lamentos que
ecoaremos?

Na vastidão cósmica, os planetas são espetadores,
 Do nosso desdobrar-se, de sonhos e temores.
Após a quietude do tempo, que história contaremos?
Crónicas de resiliência, ou mitos que inventaremos?

Na tapeçaria celeste, os cometas são narradores,
Do nosso florescer, de risos e clamores.
 Após o vazio do espaço, que dança dançaremos?
Balé de evolução, ou passos que tropeçaremos?

Após o vazio do espaço, que dança
dançaremos? Balé de evolução, ou passos que
tropeçaremos?

17

O Jardim de Amanhã

Como flores que brotam após a última geada,
Humanos, marcados por visões, na alvorada.
Seremos jardins de cores vibrantes e vivas,
Ou campos estéreis, memórias cativas?

Como árvores que florescem após o inverno mais frio,
Humanos, moldados por sonhos, no rio do desafio.
Seremos bosques de esperanças e promessas,
Ou desertos de desilusões, nas nossas confissões?

Como rios que fluem após a tempestade mais dura,
Humanos, forjados por lutas, na curva da aventura.
Seremos oceanos de sabedoria e compreensão,
Ou lagos de ignorância, na nossa evolução?

Como árvores que florescem
após o inverno mais frio,
Humanos, moldados por
sonhos, no rio do desafio.

18

No vasto oceano do ver, somos marés,
Flutuando entre o ontem e o amanhã, fé e mês.
 Após a tempestade de imagens, que porto encontraremos?
Terra de esperança ou ilhas do que fomos?

No profundo mar do sentir, somos ondas,
Navegando entre o agora e o sempre, verdades e rondas.
 Após a ressaca de sensações, que farol acenderemos?
Luz de renovação ou sombras do que tememos?

No imenso oceano do pensar, somos correntes,
Fluindo entre o ser e o parecer, momentos e entes.
 Após a vaga de pensamentos, que praia alcançaremos?
Areias de sabedoria ou rochas do que ignoramos?

O Oceano da Visão

No imenso oceano do pensar, somos correntes, Fluindo entre o ser e o parecer, momentos e entes.

ASAS DA METAMORFOSE

19

Ascendemos à montanha das visões, olhares aguçados,
 Cada pico, uma revelação, passos marcados.
 Quem seremos, quando a jornada terminar?
 Guardiões da sabedoria ou peregrinos a vagar?

Escalamos o pico das ideias, corações destemidos,
 Cada cume, um despertar, destinos decididos.
 O que encontraremos, quando a escalada cessar?
 Cristais de conhecimento ou pedras para carregar?

Desbravamos a cordilheira dos sonhos, almas em chamas,
 Cada topo, uma conquista, vitórias proclamadas.
 O que levaremos, quando o caminho se fechar?
 Tesouros de experiência ou cargas a largar?

A Montanha da Sabedoria

A Montanha da Sabedoria

(20)

A Montanha da Sabedoria

A AURORA DA REALIZAÇÃO

Com os primeiros raios de sol que iluminam o que vimos,
Somos pinturas vivas, obras de arte de destinos.
   Após a escuridão da incerteza, que luz acenderemos?
Sombras do passado ou estrelas que nasceremos?

   Com o brilho dourado que revela o que sentimos,
Somos telas em constante mudança, traços de caminhos.
   Após a noite do medo, que alvorada veremos?
   Névoas do esquecimento ou arco-íris que seremos?

   Com o despertar da consciência que mostra o que somos,
Somos mosaicos de experiências, peças de um cosmos.
   Após o crepúsculo da dúvida, que dia viveremos?
Eclipses do presente ou sóis que renasceremos?

As Chamas da Transformação

Dançando entre as chamas das imagens vivenciadas,
 Forjados e moldados, almas refinadas.
Na fornalha do ver, que escultura emergirá?
Um monumento de temores ou uma fénix que voará?

 Revolvendo nas brasas das emoções sentidas,
 Purificados e temperados, vidas decididas.
 No calor do sentir, que criação se mostrará?
Um espelho de tristezas ou um dragão que rugirá?

Imersos no incêndio dos pensamentos concebidos,
 Transformados e recriados, destinos vividos.
 Na chama do pensar, que obra surgirá?
Uma estátua de dúvidas ou uma estrela que brilhará?

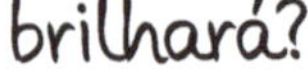

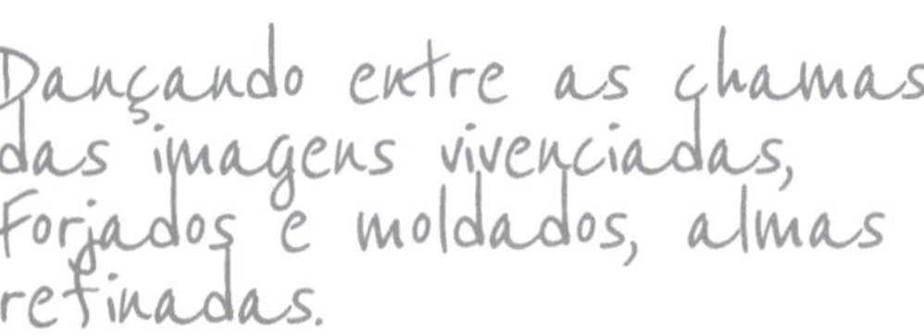

Em corredores sagrados, ecos de visões ressoam,
Somos peregrinos no templo onde as imagens moram.
Quem seremos, ao cruzar os portais do saber?
Monges do passado ou profetas do renascer?

Nos altares silenciosos, sussurros de sonhos oram,
Somos viajantes no santuário onde as ideias decoram.
O que seremos, ao desvendar os véus do conhecer?
Eruditos do presente ou visionários do amanhecer?

Nas capelas profundas, murmúrios de desejos clamam,
Somos exploradores na catedral onde as esperanças inflamam.
Como seremos, ao ascender os degraus do compreender?
Adeptos da certeza ou mestres do aprender?

O Templo da Humanidade

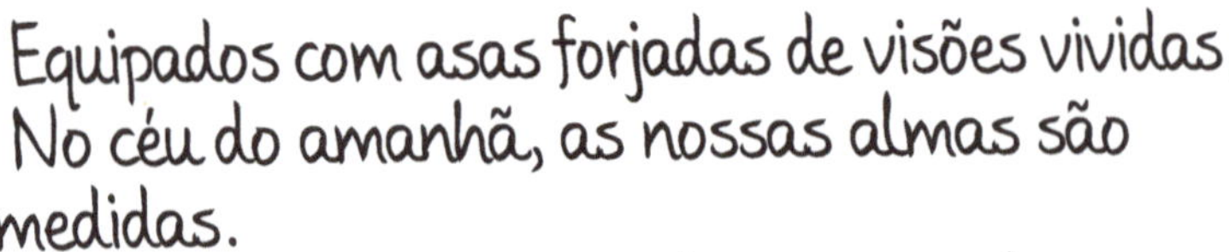

Equipados com asas forjadas de visões vividas,
No céu do amanhã, as nossas almas são medidas.
Voaremos com a graça de águias soberanas,
Ou pairaremos, aprisionados pelas tramas humanas?

Arremessados com penas moldadas de sonhos ousados,
No horizonte do futuro, os nossos destinos são traçados.
Planaremos com a leveza de borboletas encantadas,
Ou nos afundaremos, enredados pelas teias passadas?

Impulsaionados por plumas esculpidas de desejos ardentes,
Na aurora do emanar, nossas vidas são emergentes.
Subiremos com a força de falcões destemidos,
Ou nos precipitaremos, atados pelos medos inibidos?

As Asas do Futuro

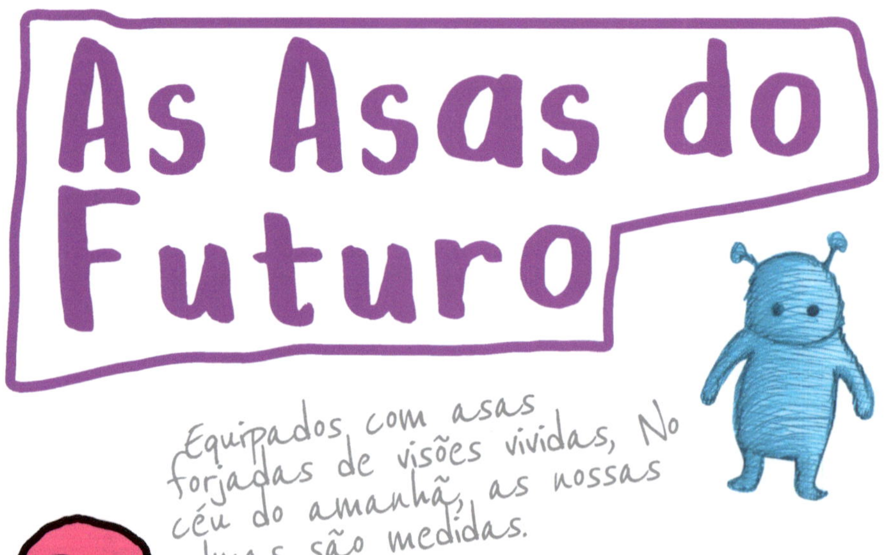

O Rio da Renovação

Na suas águas profundas, as visões se refletem,
Somos navegadores onde o passado e futuro se conectam.
Após a confluência dos rios de imagens intensas,
Seremos oceanos de paz ou correntezas imensas?

Nas suas correntes vigorosas, os sonhos se entrelaçam,
Somos marinheiros onde o presente e o fluir se abraçam.
Após a junção dos afluentes de emoções ferventes,
Seremos mares de amor ou marés de tormentos
crescentes?

Nas suas ondas incessantes, os desejos se agitam,
Somos exploradores onde a esperança e a realidade se
reúnem.
Após a fusão das torrentes de pensamentos fluidos,
Seremos lagos de sabedoria ou cataratas de mistérios
inauditos?

Nas suas correntes vigorosas, os
sonhos se entrelaçam,
Somos marinheiros onde o presente e o
fluir se abraçam.

O Silêncio do Ser

Na quietude que segue a tempestade de ver,
Reside um silêncio, profundo e a doer.
Seremos o eco silencioso das visões passadas,
Ou a sinfonia vibrante das alvoradas?

Na calmaria que sucede o furacão de conhecer,
Habita um sossego, intenso e a estremecer.
Seremos o murmúrio mudo dos sonhos
esquecidos,
Ou a orquestra pulsante das promessas
resplandecidas?

No repouso que se instala após a ventania de
sentir,
Mora uma paz, abissal e a expandir.
Seremos o sussurro sereno das emoções vividas,
Ou a melodia arrebatadora das jornadas
prometidas?

Ou a sinfonia vibrante das alvoradas?

26

O Jardim das Reflexões

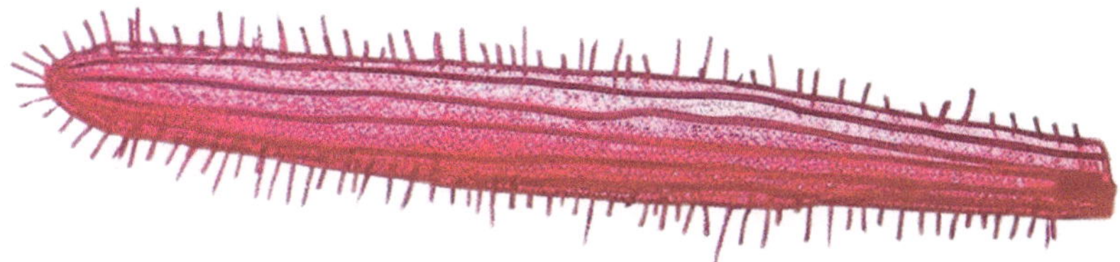

Onde florescem as visões, o solo é rico e profundo,
Cada imagem, uma semente no jardim do mundo.
Após a colheita dos frutos do ver e sentir,
Seremos jardineiros da esperança ou sombras a fugir?

Onde brotam os sonhos, a terra é fértil e vasta,
Cada pensamento, uma muda no pomar da vida casta.
Após o recolhimento das colheitas do conhecer e do viver,
Seremos cultivadores da fé ou espectros a desaparecer?

Onde germinam as esperanças, o chão é nutrido e
sagrado,
Cada desejo, uma raiz no bosque do destino almejado.
Após a safra dos grãos do criar e do compartilhar,
Seremos guardiões da luz ou sombras a se esconder?

Cada estação carrega o peso e a luz do que vimos,
Invernos rigorosos, verões de sonhos limpos.
Quem seremos quando as estações se alinharem?
Flores do amanhã ou folhas a cair, a lamentarem?

Cada ciclo carrega a sombra e o brilho do que sentimos,
Primaveras de renovação, outonos de destinos
incertos.
Quem seremos quando as fases se encontrarem?
Frutos da evolução ou sementes a se espalharem, a
sonharem?

Cada época carrega a tristeza e a alegria do
que vivemos,
Tempestades de desafios, calmarias de
momentos serenos.
Quem seremos quando os tempos se
entrelaçarem?
Raios do sol nascente ou estrelas a
cintilarem, a inspirarem?

A Estação da Recriação

Flores do amanhã ou folhas a cair, a
lamentarem?

28

O Universo Interior

Dentro de nós, constelações de visões brilham,
Somos cosmos infinitos onde estrelas pestanejam.
Após a explosão estelar de imagens e sons,
Seremos galáxias de luz ou buracos negros de ilusões?

Dentro de nós, galáxias de sonhos cintilam,
Somos universos sem fim onde cometas desfilam.
Após o big bang de emoções e palavras,
Seremos nebulosas de esperança ou abismos de sombras?

Dentro de nós, sistemas solares de pensamentos giram,
Somos espaços intermináveis onde planetas vibram.
Após a supernova de ideias e sentimentos,
Seremos quasares de amor ou vórtices de arrependimentos?

O Espelho da Existência

Refletidos no espelho das visões testemunhadas,
Faces de ontem, hoje, amanhã, almas marcadas.
Quem será o reflexo que o futuro revelará?
A imagem da aprendizagem ou sombras do que
restará?

Espelhados na superfície das memórias gravadas,
Vultos do passado, presente, futuro, vidas traçadas.
Quem será o eco que o amanhã irá projetar?
O som da sabedoria ou o silêncio do que sobrevirá?

Refletidos no vidro dos momentos vivenciados,
Imagens de outrora, agora, depois, destinos traçados.
Quem será a imagem que o porvir irá desvendar?
A figura da evolução ou o espectro do que ficará?

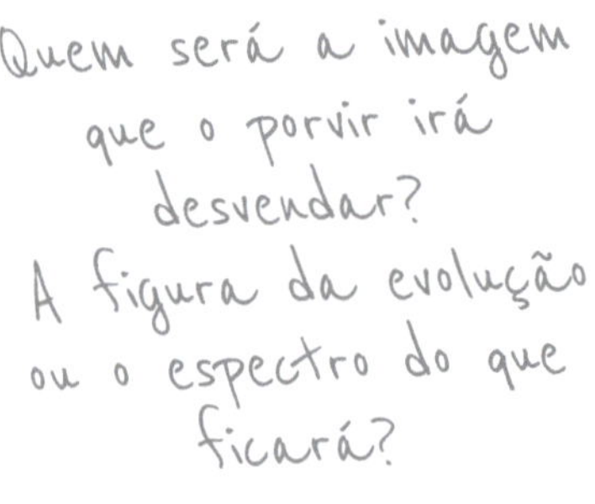

Na calada da noite, um grito silencioso se ergue,
Onde a paz é um sonho, a revolução submerge.
Negar o diálogo, é acender a chama,
Da revolta ardente, que na alma reclama.

No silêncio do crepúsculo, um clamor mudo se
eleva,
Onde a justiça é fantasma, a insurreição se
revela.
Ignorar a voz coletiva, é iniciar o incêndio,
Da rebelião fervente, que no coração incendeia.

Na quietude da madrugada, um protesto inaudível
se propaga,
Onde a igualdade é miragem, a agitação se vaga.
Silenciar a expressão, é acionar o detonador,
Da revolta explosiva, que no espírito clamor.

O Grito Silencioso

Muros de silêncio, fortalezas de opressão,
Onde ecoa o grito da pacífica revolução.
Mas quando as vozes são amordaçadas, contidas,
Nascem tempestades de almas feridas.

Paredes de quietude, bastiões de repressão,
Onde ressoa o clamor da serena insurreição.
Mas quando as falas são silenciadas, reprimidas,
Surgem furacões de espíritos em lidas.

Barreiras de mutismo, muralhas de
subjugação,
Onde vibra o brado da tranquila rebelião.
Mas quando os sussurros são abafados,
suprimidos,
Despontam vendavais de corações
oprimidos.

MUROS DE SILÊNCIO

Na dança silente, os passos da paz se movem,
Mas são impedidos, e aos gritos, se removem.
Onde não há espaço para a mudança serena,
A violência se instala, cruel e plena.

No balé mudo, os movimentos da harmonia se
agitam,
Mas são barrados, e aos berros, se deslocam.
Onde não há lugar para a transformação tranquila,
A brutalidade se estabelece, severa e vil.

Na coreografia silenciosa, os gestos do sossego se
animam,
Mas são obstruídos, e aos rugidos, se desviam.
Onde não há ambiente para o progresso pacífico,
A selvajaria se implanta, desumana e específica.

Jardins da Resistência

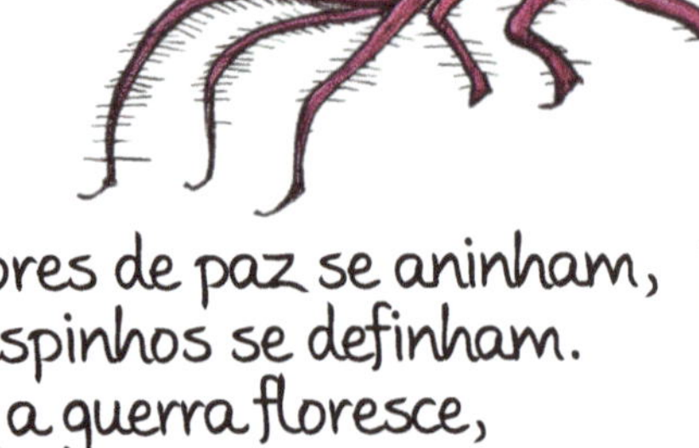

Nos jardins da resistência, flores de paz se aninham,
Mas se os jardins se fecham, espinhos se definham.
Onde a serenidade é exilada, a guerra floresce,
E nas almas oprimidas, a revolta enraíza e cresce.

Nos pomares da resistência, frutos de calma se abrigam,
Mas se os pomares se encerram, cascas se ressecam.
Onde a tranquilidade é desterrada, o conflito germina,
E nos espíritos subjugados, a rebelião se enraíza e domina.

Nos bosques da resistência, folhas de sossego se acomodam,
Mas se os bosques se selam, ramos se desidratam.
Onde a quietude é banida, a batalha surge,
E nos corações oprimidos, a insurreição se fixa e urge.

O Rio da Paz

Rios de diálogo fluem suavemente, trazendo união,
Mas se barrados, tornam-se ondas de convulsão.
Na negação do curso pacífico, nasce a tempestade,
Uma revolução violenta, eco de liberdade.

Córregos de conversação deslizam mansamente,
semeando concórdia,
Mas se bloqueados, transformam-se em marés de
discórdia.
Na rejeição do fluxo pacífico, irrompe a tormenta,
Um levante turbulento, ressonância de independência.

Riachos de diálogo rolam delicadamente, gerando
harmonia,
Mas se obstruídos, tornam-se correntezas de
anarquia.
Na recusa do percurso calmo, desponta o vendaval,
Uma rebelião selvagem, som de autonomia.

Uma revolução violenta, eco de liberdade.

35

Chamas de harmonia, aspiram arder e iluminar,
Mas se sufocadas, podem explodir e devastar.
Onde a luz pacífica é obscurecida, sombras reinarão,
E nas cinzas do silêncio, revoltas brotarão.

Labaredas de concórdia, anseiam flamejar e clarear,
Mas se abafadas, podem detonar e arrasar.
Onde a luminosidade pacífica é ofuscada, trevas
prevalecerão,
E nas fuligens do silêncio, insurreições surgirão.

Fagulhas de unidade, almejam incendiar e elucidar,
Mas se reprimidas, podem estourar e desolar.
Onde o brilho pacífico é eclipsado, escuridão imperará,
E nos resíduos do silêncio, rebeliões despontarão.

O Fogo Silenciado

36

A Canção Não Cantada

Melodias de transformação desejam ecoar,
Mas quando silenciadas, gritos irão soar.
Na ausência de harmonia e acordes de paz,
A sinfonia da revolução violenta faz a sua paz.

Harmonias de mudança anseiam ressoar,
Mas quando caladas, urros irão se propagar.
Na falta de sintonia e notas de serenidade,
A orquestra da insurreição agressiva encontra a sua
identidade.

Ritmos de evolução aspiram reverberar,
Mas quando abafados, rugidos irão se espalhar.
Na carência de simetria e tons de tranquilidade,
A composição da rebelião feroz estabelece a sua
realidade.

Na ausência de harmonia e
acordes de paz, A sinfonia da
revolução violenta faz a sua

O Sol Oculto

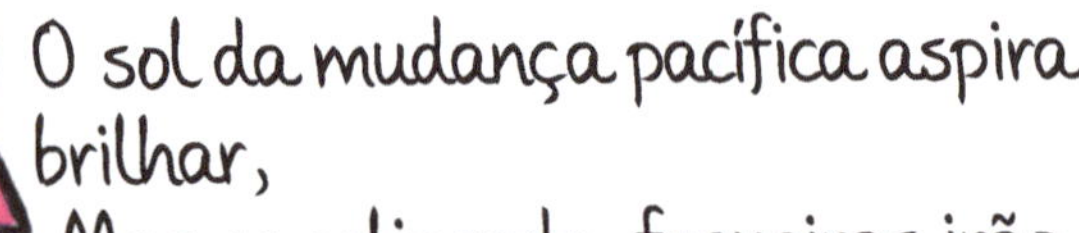

O sol da mudança pacífica aspira
brilhar,
Mas se eclipsado, fogueiras irão
alastrar.
Onde a luz da
transformação é
negada,
No escuro da
opressão, a revolta
é forjada.

O astro da evolução serena anseia resplandecer,
Mas se ofuscado, incêndios irão se estender.
Onde o brilho da metamorfose é rejeitado,
Na sombra da tirania, a rebelião é moldada.

A estrela da transição calma almeja irradiar,
Mas se encoberta, chamas irão proliferar.
Onde a luminosidade da mutação é obstada,
Na penumbra da subjugação, a revolta é talhada.

Ventos de liberdade desejam soprar suave,
Mas se contidos, tornam-se tempestades de
agravante.
Na calmaria forçada, onde os sussurros são
proibidos,
Ecos de revolução, em trovões, são ouvidos.

Quando as correntes se quebram, o silêncio é
interrompido,
Por gritos de liberdade, um canto recém-descoberto.
Em cada coração ressoa, um novo ritmo é batido,
O vento da liberdade, por todos, é coberto.

Contra a opressão, um hino de resistência é
composto,
No palco do mundo, uma dança audaz é encenada.
A canção da liberdade, em cada verso é exposto,
O vento da revolução, uma melodia almejada.

O Vento da Liberdade

Asas de renovação almejam voar, ascender,
Mas se quebradas, fénix de fogo irá renascer.
Onde o voo pacífico é impossibilitado,
A ascensão violenta é um destino selado.

Ondas de mudança, em cada esquina são
sentidas,
Um sopro de esperança, na noite mais escura
é aceso.
A chama da liberdade, nas almas é incutida,
Pelo vento da revolução, um caminho novo é
traçado.

E na dança do tempo, onde cada segundo é contado,
Nasce um novo dia, pelo vento da liberdade
anunciado.
A luta persiste, o futuro ainda é moldado,
Pelo sopro da resistência, cada passo é determinado.

As Asas Quebradas

40

As Estrelas da Revolução

No céu noturno, estrelas de paz desejam brilhar,
Mas quando obscurecidas, cometas irão cruzar.
Num universo onde a luz suave é refreada,
Explosões de revolta tornam-se inevitáveis,
aclamadas.

Quando a escuridão se instala, o brilho é
intensificado,
Por estrelas de coragem, um caminho iluminado.
Em cada constelação, uma história é gravada,
As estrelas da revolução, por todos, são celebradas.

Contra a noite eterna, um clarão de resistência é
lançado,
No cosmos do destino, um novo rumo é traçado.
A luz da revolução, em cada estrela é refletida,
As estrelas da liberdade, uma visão tão desejada.

Cometas de mudança, em cada galáxia são avistados,
Um brilho de esperança, na escuridão é aceso.
A chama da liberdade, nas estrelas é incrustada,
Pelas estrelas da revolução, uma jornada nova é
traçada.

47

O Mar Calmo

Ondas de concórdia aspiram banhar as areias do tempo,
Mas, restritas, tornam-se 'tsunamis' de tormento.
Quando as águas calmas são contidas e reprimidas,
Surge um mar tempestuoso de vidas divididas.

No horizonte distante, um farol de esperança é acendido,
Por marinheiros de coragem, um caminho é construído.
Em cada maré alta, uma história é narrada,
O mar calmo da liberdade, por todos, é desejado.

Contra a tempestade eterna, um sopro de resistência é dado,
Na cartografia do destino, um novo curso é traçado.
A força do mar calmo, em cada onda é sentida,
As águas da liberdade, uma visão tão querida.

A luta persiste,
o futuro ainda é
moldado, Pelo sopro
da resistência,
cada passo é
determinado.

42

O Véu da Supressão

Sob o véu da supressão, sonhos pacíficos se escondem,
Mas quando sufocados, fogueiras ardentes respondem.
  Na ausência de um despertar tranquilo e silencioso,
Ressurge um alvorecer violento e impetuoso.

 No sustentáculo da resistência, estrelas de coragem
brilham,
  Por sonhadores audazes, um novo dia é desenhado.
Em cada aurora, uma história de luta é contada,
  O véu da supressão, por todos, é desafiado.

Contra a escuridão opressiva, um raio de liberdade é
lançado,
  No tecido do destino, um novo padrão é bordado.
A luz do amanhecer, em cada sonho é refletida,
  O despertar da liberdade, uma visão tão desejada.

O véu da supressão, por
todos, é desafiado.

O Jardim Abandonado

Em terrenos férteis, sementes de paz são
plantadas,
Mas se negligenciadas, ervas daninhas são cultivadas.
 Onde flores de calma não são permitidas a crescer,
Revoluções violentas irrompem, obrigadas a
florescer.

 No solo da resistência, brotos de coragem surgem,
Por jardineiros audazes, um novo jardim é cultivado.
 Em cada canteiro, uma história de luta é contada,
O jardim abandonado, por todos, é regenerado.

 Contra a negligência opressiva, um raio de liberdade
é plantado,
Na tapeçaria do destino, um novo padrão é
ornamentado.
 A flor da paz, em cada canteiro é desejada,
O renascimento do jardim, uma visão tão ansiada.

O Jardim Abandonado

O Jardim Abandonado

44

Ponteiros do tempo, girando na dança do equilíbrio,
Mas quando parados, ecoa o grito do exílio.
Onde segundos de paz são pausados e restringidos,
Minutos de revolta, inevitavelmente, são definidos.

No relógio da resistência, tiquetaques de coragem
ressoam,
Por mestres do tempo audazes, um novo ritmo é
traçado.
Em cada batida, uma história de luta é contada,
O relógio do destino, por todos, é reajustado.

Contra a pausa opressiva, um pulso de liberdade é
ativado,
Na engrenagem do destino, um novo curso é
calculado.
O tempo da paz, em cada segundo é desejado,
A marcha do relógio, uma visão tão aguardada.

O RELÓGIO DO DESTINO

Mas quando parados, ecoa o grito do exílio.

45

Picos de esperança almejam tocar os céus,
Mas, impedidos, cavam vales de réquiem.
Na negação de ascensões pacíficas e claras,
Ressurgem terrenos escarpados de almas raras.

Nas montanhas da resistência, rochas de
coragem se levantam,
Por alpinistas audazes, um novo caminho
é traçado.
Em cada trilha, uma história de luta é
contada,
As montanhas da esperança, por todos,
são escaladas.

Contra a negação opressiva, um
impulso de liberdade é acionado,
No relevo do destino, um novo cume é
mapeado.
A altura da paz, em cada pico é suspirada,
A escalada das montanhas, uma visão tão ansiada

As Montanhas da Esperança

A Lua da Tranquilidade

Lua de tranquilidade aspira iluminar noites escuras,
Mas quando eclipsada, revela sombras puras.
Onde o luar pacífico é ofuscado e perdido,
Amanheceres de revolução, no horizonte, são nascidos.

No céu da resistência, estrelas de coragem brilham,
Por astrónomos audazes, um novo cosmos é traçado.
Em cada constelação, uma história de luta é contada,
A lua da tranquilidade, por todos, é reverenciada.

Contra o eclipse opressivo, um feixe de liberdade é
disparado,
Na galáxia do destino, um novo caminho é traçado.
O brilho da paz, em cada estrela é desejado,
A ascensão da lua, uma visão tão estimada.

O Pássaro Aprisionado

Pássaros de liberdade cantam canções de soltura,
Mas quando enjaulados, seus cânticos são tortura.
Onde voos pacíficos são cortados e impedidos,
Asas de revolução são forjadas nos gemidos.

No coração da gaiola, o pássaro aprisionado se
debate,
Mas até na prisão, um desejo de liberdade se
abate.
Nos gritos de angústia, a resistência se forma,
Um eco de esperança na tempestade se
transforma.

A necessidade de liberdade não
pode ser reprimida,
No pássaro enjaulado, reside
a promessa de vida.
Onde há cativeiro, sempre
haverá luta,
E nas barras da jaula,
a liberdade será fruta.

48

Em vales silenciosos, ecos de paz desejam soar,
Mas quando silenciados, trovões começam a bramar.
Onde sussurros de harmonia são calados,
Gritos de revolução, nas montanhas, são ecoados.

Nas cavernas da resistência, ecos de coragem reverberam,
Por oradores audazes, um novo discurso é traçado.
Em cada ressonância, uma história de luta é contada,
O eco da repressão, por todos, é desafiado.

Contra o silêncio opressivo, uma voz de liberdade é levantada,
No abismo do destino, um novo eco é gerado.
O som da paz, em cada vale é desejado,
A ressonância do eco, uma visão tão aguardada.

O Eco da Repressão

49

ASAS DA METAMORFOSE

A beira da fonte seca, sede de paz persiste,
Mas quando as águas claras são negadas, a
revolta existe.
Onde o fluir tranquilo é obstruído e negado,
Rios de rebelião, impetuoso, são libertados.

No coração da terra, a fonte seca chora,
Mas mesmo na dor, uma nova esperança aflora.
Nas fissuras do desespero, brota a resistência,
Um grito de liberdade ressoa na distância.

A sede de justiça não pode ser contida,
Na fonte seca, encontra-se a promessa de vida.
Onde há opressão, haverá sempre luta,
E nas margens da fonte seca, a paz será fruta.

A Fonte Seca

50

ASAS DA METAMORFOSE

Nos ensina a contra as marés nadar.

Esperança pinta o amanhã,
Com cores vivas de um novo dia.
Na tela do futuro, a confiança,
Traz à alma uma doce melodia.

Esperança, como um farol na noite,
Com fachos de luz a um novo rumo
guiar.
No mapa do amanhã, a audácia,
Faz-nos sonhos audaciosos traçar.

Esperança, como um rio que flui,
Com ondas suaves de um novo despertar.
Na correnteza do futuro, a paciência,
Nos ensina contra as marés nadar.

No mapa do amanhã, a audácia,
Faz-nos sonhos audaciosos traçar.

Cores da Esperança

ASAS DA METAMORFOSE

51

Se não abraças a mudança, na tua era sentida,
Talvez fiques com o pior, na jornada da vida.
Em tempos de transformar, é preciso se entregar,
Para na dança do tempo, melhor lugar encontrar.

Se não acolhes a evolução, na tua era vivida,
Talvez te percas na sombra, na travessia da vida.
Em eras de metamorfose, é vital se adaptar,
Para no balé do destino, um belo papel desempenhar.

Se não acatas o novo, na tua era percebida,
Talvez fiques no escuro, na caminhada da vida.
Em tempos de inovação, é crucial se renovar,
Para na valsa do futuro, harmoniosamente bailar.

ABRAÇAR A MUDANÇA

Evolução Inevitável

Mudança é como rio, sempre a desaguar,
Se não a acolhes, pode-te afogar.
Abraçar a evolução, é sabedoria, usar,
Para no rio do tempo, harmoniosamente remar.
Transformação é como vento, sempre a soprar,
Se não a aceitas, pode-te desarraigar.
Adotar a metamorfose, é perspicácia aplicar,
Para no vento da existência,
graciosamente velejar.

Progresso é como fogo, sempre a queimar,
Se não o nutres, pode-te consumir.
Aceitar a inovação, é discernimento, praticar,
Para no fogo do destino,
luminosamente brilhar.

Mudança é como rio, sempre a desaguar, Se não a acolhes, pode-te afogar.

53

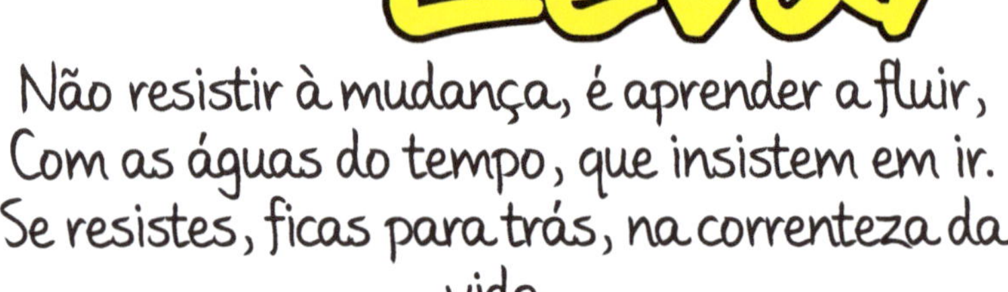

Deixar-se Levar

Não resistir à mudança, é aprender a fluir,
Com as águas do tempo, que insistem em ir.
Se resistes, ficas para trás, na correnteza da
vida,
Mas ao abraçá-la, encontras a saída.

Não temer a incerteza, é compreender o dançar,
Com os ventos da existência, que não cessam de
soprar.
Se te opões, ficas estagnado, na maré do viver,
Mas ao aceitá-la, descobres o prazer.

Não fugir do desconhecido, é dominar o navegar,
Com as ondas do destino, que não param de marear.
Se te escondes, ficas perdido, no oceano da jornada,
Mas ao recebê-lo, encontras a estrada.

54

Num balé incessante, o tempo nos envolve,
Em cada passo dado, uma nova era se resolve.
Mudanças como ondas, em mares sem fronteiras,
Nos convidam a dançar, nas suas águas
verdadeiras.

Se resistimos à mudança, ficamos na contramão,
Perdemos a harmonia, o ritmo e a canção.
Mas se abraçamos o novo, com coragem e fervor,
Unimo-nos à dança do tempo, com esperança e
amor.

Num tango constante, a vida nos conduz,
Em cada volta dada, uma nova luz se produz.
Transformações como ventos, em céus sem amarras,
Nos convidam a voar, nas suas asas claras.

Se tememos o desconhecido, ficamos em desalinho,
Perdemos a melodia, o compasso e o caminho.
Mas se acolhemos a incerteza, com bravura e calor,
Juntamo-nos à valsa da existência, com fé e vigor.

Dança das Eras

Evolução e Crescimento

Cada era traz desafios, novos caminhos a percorrer,
É a mudança que nos molda, nos faz crescer.
Como árvores ao vento, firmes, mas a balançar,
Na dança da existência, aprendemos a nos adaptar.

Com cada folha que cai, uma nova lição,
Com cada broto que nasce, uma nova visão.
Mudar é evoluir, é a natureza a nos ensinar,
Que na constante transformação, está o segredo de prosperar.

Cada época traz provações, novas rotas a desbravar,
É o movimento que nos esculpe, nos faz avançar.
Como rios ao mar, em constante alteração,
Na coreografia do ser, aprendemos a nos transformar.

Com cada sol que se põe, uma nova perspetiva,
Com cada lua que surge, uma nova diretiva.
Mudar é crescer, é a vida a nos guiar,
Que na incessante metamorfose, está a arte de se aprimorar.

56

Reflexões de uma Nova Era

Em cada alvorecer, uma oportunidade de renovação,
Cada pôr do sol, uma lição em transformação.
Como a lua nas suas fases, mudamos sem cessar,
Na dança do tempo, aprendemos a nos reinventar.

Neste mundo em movimento, onde tudo é efémero,
As nossas almas entrelaçam-se num bailado etéreo.
Cada instante é precioso, cada segundo a valer,
Na jornada da vida, estamos sempre a aprender.

Em cada estação, um ciclo de evolução,
Cada tempestade, uma oportunidade para a solução.
Como as estrelas nos seus cursos, brilhamos sem
desvanecer,
Na roda da existência, aprendemos a florescer.

Neste universo em expansão, onde nada é permanente,
Os nossos destinos cruzam-se num encontro
convergente.
Cada momento é único, cada minuto a contar,
Na trilha do tempo, estamos sempre a caminhar.

A história nos ensina, com a sua voz profunda,
Que a mudança é a única constante, a roda do mundo
nunca para.
Em cada era que passa, em cada passo que damos,
Estamos a construir pontes, novos mundos estamos a
criar.

Como artistas da existência, esculpimos o amanhã,
Com pinceladas de coragem, numa tela sem manhã.
Na sinfonia do progresso, cada nota a ressoar,
Ecoa a melodia da mudança, ensinando-nos a sonhar.

A vida nos convida, com um chamado sincero,
A sermos arquitetos do futuro, a desafiar o
desconhecido severo.
Em cada decisão que tomamos, em cada caminho que
escolhemos,
Estamos erguendo torres, novas realidades estamos a
tecer.

Como poetas da inovação, escrevemos a aurora,
Com versos de determinação, numa folha sem hora.
Na orquestra do avanço, cada acorde a vibrar,
Ressoam as canções do progresso, inspirando-nos a
transformar.

SINFONIA DO PROGRESSO

58

O Peregrino da Compreensão

Não vim a este mundo para julgar, nem condenar,
Vim para conhecer, para explorar e contemplar.
Cada rosto, cada história, um universo a desvendar,
Nesta jornada da vida, vim para entender, não para
julgar.

Como um peregrino da compreensão, passo a passo,
Caminho pelo mundo, aberta a cada abraço.
Na tapeçaria da existência, cada fio a entrelaçar,
A minha missão é conhecer, aprender a amar.

Não vim a este mundo para criticar, nem desdenhar,
Vim para apreciar, para aprender e admirar.
Cada gesto, cada palavra, um mistério a decifrar,
Nesta jornada humana, vim para compreender, não
para desprezar.

Como um viajante da empatia, degrau por degrau,
Percorro os caminhos, acolhendo todo o sinal.
Na trama da vida, cada linha a conectar,
A minha missão é descobrir, aprender a respeitar.

A Dança do Tempo

Nas asas do tempo, a vida dança,
No seu ritmo, esconde a constância.
Cada momento, uma nova esperança,
No baile do tempo, a eterna dança.

Giramos com os dias, em harmonia,
Com as estações, aprendemos a poesia.
Na valsa das horas, a sabedoria,
No tempo, encontramos a nossa
alegria.

Saltamos com os meses, em sincronia,
Com as luas, desvendamos a melodia.
No tango dos anos, a magia,
No compasso do tempo, a sinfonia.

Rodopiamos com as eras, numa dança audaz,
Com o sol, apreciamos o tempo que faz.
Na rumba dos séculos, a paz,
Na dança do tempo, a vida se refaz.

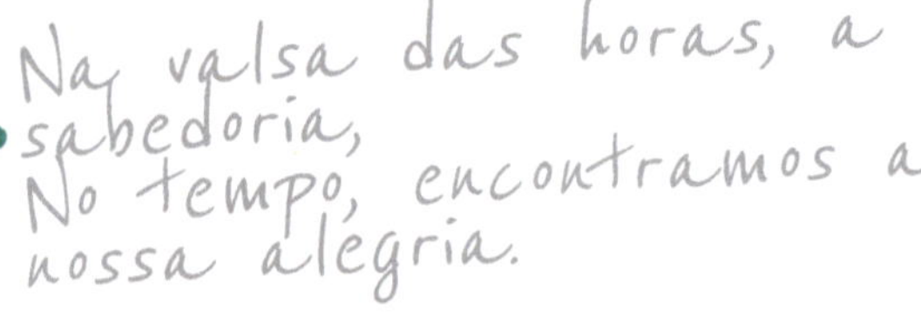

60

Como um rio, correm as memórias,
Águas profundas de inúmeras histórias.
Nas margens do tempo, reflexos e glórias,
Na corrente da vida, nossas vitórias.

O passado murmura em cada onda,
O presente brilha, a esperança responde.
No rio das memórias, a alma se inunda,
Nas águas do tempo, a vida se funda.

Como uma cascata, caem as lembranças,
Em torrentes de emoções, danças e tranças.
Nas pedras do passado, ecoam as canções,
No leito das recordações, guardo as paixões.

O futuro reflete em cada gota,
O passado ressoa, a história se desbota.
No rio das memórias, o coração navega,
Nas águas do tempo, a existência se entrega.

O Rio das Memórias

61

A Jardineira do Ser

Sou jardineira do meu ser, cultivando sonhos,
Plantando ideias, colhendo desejos e risonhos.
Em cada canteiro, um pensamento floresce,
No jardim da mente, a sabedoria cresce.

Com paciência, rego as sementes da alma,
No solo da consciência, encontro a calma.
Na horta do espírito, cada flor, uma
aprendizagem,
No jardim do ser, cada fruto é um legado.

Com amor, podando as ervas daninhas do medo,
No terreno do coração, encontro o segredo.
Na estufa do eu, cada broto uma revelação,
No jardim interno, cada folha é uma lição.

Com dedicação, fertilizo as raízes do caráter,
Na terra da personalidade, descubro o âmago.
Na plantação do ser, cada árvore, uma história,
No jardim da vida, cada sombra é uma vitória.

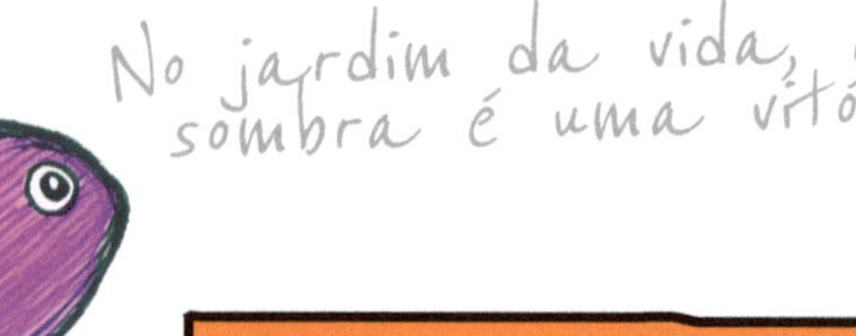

62

O ARTÍFICE DO DESTINO

Na forja do destino, moldo o meu caminho,
Com golpes de coragem, desfaço o espinho.
Cada escolha, um metal a aquecer,
No fogo da vontade, começo a tecer.

Ferro e aço, nas minhas mãos a transformar,
Na bigorna da vida, começo a forjar.
Com a força do destino, vou a modelar,
No artesanato da existência, vou criando.

Prata e ouro, nas minhas mãos a brilhar,
Na oficina do tempo, começo a lapidar.
Com a tenacidade do propósito, vou a esculpir,
Na oficina da vida, vou a construir.

Cobre e bronze, nas minhas mãos a mudar,
Na bancada do futuro, começo a gravar.
Com o martelo do destino, vou a talhar,
Na obra-prima da existência, vou a
sonhar.

Diante do mar de possibilidades, me encontro,
Horizontes vastos, onde os meus sonhos aponto.
Cada onda, uma oportunidade de navegar,
Neste mar imenso, começo a desbravar.

Com a bússola da intuição, sigo a rota,
Nas águas da incerteza, a minha embarcação flutua.
No mar de possibilidades, a aventura convoca,
Navego pelos mares da vida, na busca da utopia.

Com fé, venço cada temor,
Na subida à luz, cada degrau é um amor.
Na trilha para a altura, cada etapa, uma inspiração,
Na escalada da existência, busco a transformação.

O Mar de Possibilidades

64

Subo pela escada da ascensão, degrau por degrau,
Cada passo, um avanço, cada nível, um ritual.
Na subida da vida, cada patamar, uma lição,
Na escada da existência, busco a evolução.

Com determinação, supero cada obstáculo,
Na ascensão do ser, cada passo é um espetáculo.
Na jornada ao topo, cada degrau, uma conquista,
Na escalada da vida, cada etapa é uma vista.

Com coragem, enfrento cada desafio,
Na subida ao céu, cada passo é um alívio.
No caminho para o cume, cada patamar, uma vitória,
Na escada da transcendência, cada nível é uma
história.

Com perseverança, ultrapasso cada barreira,
Na ascensão do espírito, cada degrau é uma bandeira.
Na rota para o pico, cada etapa, uma revelação,
Na escalada da existência, busco a iluminação.

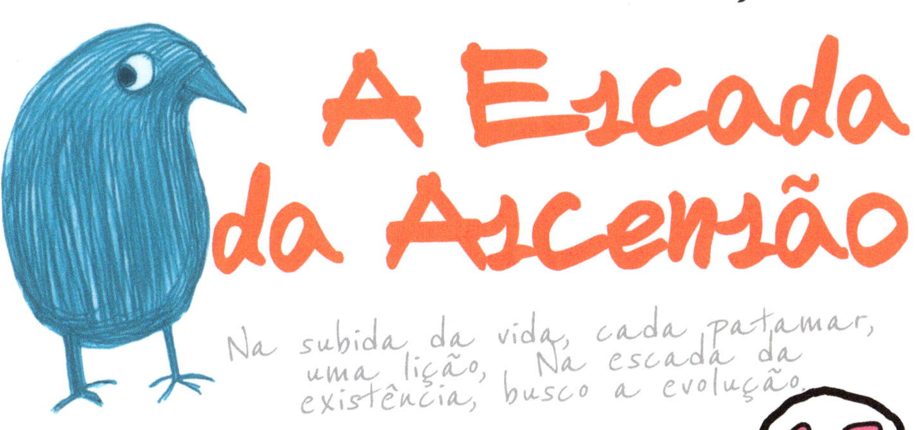

A Escada da Ascensão

Na subida da vida, cada patamar, uma lição, Na escada da existência, busco a evolução.

65

A Descoberta do Universo Interior

O caminho para o íntimo, um labirinto de espelhos,
Cada reflexo é um segredo, um enigma a
desvendar.
As máscaras são janelas para dimensões ocultas,
Onde o invisível se revela, a verdade é uma
consulta.

A passagem é sombria, misteriosa e divina,
Cada pegada, uma descoberta, a essência que se
destina.
Para entender o que se esconde atrás da
fachada,
É necessário escutar o silêncio, onde o
mistério se desagrada.

Cada máscara, um acesso para o vasto
universo interior,
A viagem de descoberta, profunda, um
ardor.
Cada véu, uma passagem para o imenso
cosmos interno,
A expedição de desvendar, fervorosa, uma
jornada eterna, um retorno.

REFLEXO DA ALMA

No espelho d'água, o céu se pinta,
Reflete o que o coração sente.
Na superfície calma que não minto,
A alma se mostra, pura e transparente.

Na tela da chuva, a terra se canta,
Ecoa o que a alma fervente.
Na paisagem húmida que não encanta,
O espírito se revela, forte e resiliente.

No cristal do gelo, a vida se planta,
Reflete o que a mente quente.
Na superfície fria que não quebranta,
A consciência se apresenta, clara e
persistente.

Reflexo da Alma   Reflexo da Alma

Palavras bailam, em cadência,
Como folhas ao sabor do vento.
Narram histórias, têm ciência,
De dar ao coração o seu alento.

Palavras dançam, em harmonia,
Como estrelas na canção do firmamento.
Contam segredos, têm magia,
De dar à alma o seu contentamento.

Palavras rodopiam, em melodia,
Como pássaros no ritmo do momento.
Revelam sonhos, têm poesia,
De dar ao espírito seu sustento.

Palavras fluem, em poesia,
Como rios no curso do tempo.
Desvendam mistérios, têm sabedoria,
De dar à vida o seu movimento.

O tempo voa em asas ligeiras,
Deixando rastros que não se apagam.
São memórias, são brincadeiras,
Momentos que as horas afagam.

O tempo plana em plumas etéreas,
Desenhando histórias que não se desvanecem.
São sonhos, são aventuras sérias,
Episódios que os dias aquecem.

O tempo paira em ventos esferas,
Gravando marcas que não se desfazem.
São risos, são lágrimas sinceras,
Instantes que os minutos abraçam.

Voo do Tempo

São sonhos, são aventuras
sérias, Episódios que os dias
aquecem.

Fluxo do Tempo

O tempo sempre muda, no seu fluxo sem fim,
Se não o abraças, pode ser um duro declínio.
Melhor é navegar, nas ondas da transformação,
Do que ficar à deriva, na maré da contramão.

O tempo sempre dança, na sua coreografia constante,
Se não o conduzes, ele pode ser desgastante.
Melhor é valsar, nos giros da evolução,
Do que ficar parado, no ritmo da estagnação.

O tempo sempre corre, na sua corrida incessante,
Se não o acompanhas, ele pode ser distante.
Melhor é correr, nos trilhos da mudança,
Do que ficar paralisado, na linha da resistência.

70

ASAS DA METAMORFOSE

TEIA DA VIDA

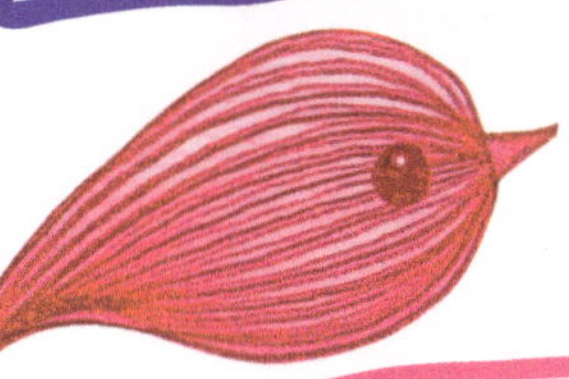

Na teia intrincada que é viver,
Cada fio, um destino, uma escolha.
É tecer e a cada dia aprender,
Que cada nó é parte da nossa toalha.

Na rede complexa que é existir,
Cada linha, um caminho, uma decisão.
É entrelaçar e a cada instante descobrir,
Que cada laço é pedaço da nossa construção.

No emaranhado profundo que é sobreviver,
Cada corda um rumo, uma opção.
É tramar e a cada momento compreender,
Que cada entrelace é fração da nossa evolução.

ASAS DA METAMORFOSE

71

A vida é sinfonia, é som e pausa,
E melodia que se escreve ao respirar.
É em cada nota que a essência causa,
E na música, a vida se deixa levar.

A existência é orquestra, é tom e silêncio,
É harmonia que se compõe ao pulsar.
É em cada acorde que a alma faz sentido,
E na canção, a existência se deixa navegar.

A jornada é concerto, é ritmo e intervalo,
É cadência que se desenha ao sonhar.
É em cada compasso que o espírito faz o seu regalo,
E na melodia, a jornada se deixa dançar.

GOZA O TRIUNFO

A vida é feita de ciclos, perdas e ganhos,
A cada momento um novo desafio.
Goza o triunfo, mesmo entre enganos,
Faz do sabor da vitória o teu brio.

Que não seja em vão cada passo dado,
Cada lágrima vertida, cada sorriso.
Viver é arte, é amar, é ter lutado,
E no fim, desfrutar o que é preciso.

Aproveita a jornada, cada obstáculo e conquista,
Cada revés uma lição, cada sucesso, uma pista.
Goza o triunfo, mesmo na tempestade,
Faz da coragem a tua verdadeira liberdade.

Que não seja em vão cada sonho sonhado,
Cada palavra dita, cada gesto realizado.
Viver é poesia, é lutar, é ter amado,
E no fim, desfrutar do que foi alcançado.

Viver é arte, é amar, é ter lutado,
E no fim, desfrutar o que é preciso.

73

Celebração

Celebra a vitória, celebra o momento,
Cada triunfo sobre a adversidade.
Deixa que o vento leve o lamento,
E que tua alma exulte em liberdade.

Porque no fim, o que conta é o prazer,
De ter vencido, mesmo por um triz.
Recorda: é preciso também saber perder,
Mas hoje, é dia de ser feliz.

Celebra a jornada, celebra a luta,
Cada passo dado com firmeza e bravura.
Deixa que o tempo cure a amargura,
E que teu espírito dance na partitura.

Porque no fim, o que importa é a lição,
De ter persistido, mesmo sem direção.
Lembra-te: é preciso aceitar a decepção,
Mas hoje, é dia de gratidão.

Poesia não explica, apenas sente,
Nas entrelinhas, o coração se revela.
É o sentir que de repente
Na alma do poeta se espelha.

Quero apenas sentir, viver a poesia,
Que das palavras transborda emoção.
Não preciso de razão ou guia,
Só do sentir que pulsa no coração.

Poesia não questiona, apenas se entrega,
Em cada verso, um segredo se desvela.
É o amor que de repente se agrega,
Na melodia suave que em sua alma vela.

Desejo apenas amar, abraçar a melodia,
Que das rimas emana a mais pura paixão.
Não preciso de luz ou profecia,
Apenas do bater sincero da emoção.

Poesia Sentida

75

Eco do Sentimento

Num verso, um mundo se abre em cores,
E o sentir é mais profundo que o mar.
Não são precisas as dores,
Quando a poesia vem para acalmar.

Vibra no peito a pura essência,
De uma arte sem precisão.
É a poesia, com sua licença,
Tocando a alma sem permissão.

Numa palavra, um universo se desdobra,
E a emoção é mais alta que o céu.
Não são necessárias as lágrimas,
Quando a poesia chega para ser véu.

Pulsa no coração a genuína substância,
De uma expressão sem limitação.
É a poesia, com sua elegância,
Despertando sentimentos sem convocação.

76

ASAS DA METAMORFOSE

Obrigado!